BASTEI
LÜBBE

Über die Autorin:

Nina Ruge, geboren 1956, schloss ihr Studium der Biologie und Germanistik mit Auszeichnung ab. Bereits während ihrer Zeit als Lehrerin nahm sie Schauspielunterricht. Seit 1989 arbeitet sie beim ZDF, von 1997 bis 2007 moderierte sie wochentäglich die Sendung »Leute heute«, die sie bei einem Millionenpublikum beliebt gemacht hat.

NINA RUGE

Alles wird besser

Dreimal

»Alles wird gut«
in einem Band

BASTEI LÜBBE

BASTEI LÜBBE TASCHENBUCH
Band 66411

1. Auflage: August 2007

Bastei Lübbe Taschenbücher und Ehrenwirth
in der Verlagsgruppe Lübbe

Vollständige Taschenbuchausgabe
der folgenden bei Ehrenwirth erschienenen Titel:

»Mein persönliches *Alles wird gut* Buch«
»Alles wird gut in der Liebe«
»Alles wird gut im Job«

Ein Projekt der Montasser Medienagentur

Titelbild: getty-images/Todd Davidson
Umschlaggestaltung: Tanja Østlyngen
Satz: Christina Krutz Design, Riedlhütte
Druck und Verarbeitung: GGP Media GmbH, Pößneck
Printed in Germany
ISBN 978-3-404-66411-5

Sie finden uns im Internet unter
www.luebbe.de

Der Preis dieses Bandes versteht sich einschließlich
der gesetzlichen Mehrwertsteuer.

Mein persönliches *Alles wird gut* Buch

Alles beginnt

mit der Sehnsucht.

| Nelly Sachs |

Auf dem *Drahtseil*

laufen ist Leben.

Der Rest ist Warten.

| BOB FOSSE |

Manche Menschen

wissen nicht, dass sie ein

Geschenk des Himmels sind.

Sie wüssten es, würden wir

es ihnen sagen.

PETRUS CEELEN

Wer seiner
Jugend nachläuft,
rennt dem Alter
schnurstracks in
die Arme.

| AUS CHINA |

Der Geist bewegt die Welt,

nicht die Intelligenz.

| ANTOINE DE SAINT-EXUPÉRY |

Man kann niemanden

überholen, wenn man in seine

Fußstapfen tritt.

| UNBEKANNT |

Ein Jegliches hat seine Zeit,

und alles Vorhaben unter dem

Himmel hat seine Stunde.

| PREDIGER SALOMO |

Seele des Menschen,

wie gleichst du dem Wasser!

Schicksal des Menschen,

wie gleichst du dem Wind!

| Johann Wolfgang von Goethe |

Und jedem Anfang wohnt

ein *Zauber* inne,

der uns beschützt und der

uns hilft zu leben.

| HERMANN HESSE |

EINE NEUE WELLE

BRAUCHT RAUM, UM SICH

FORMEN ZU KÖNNEN.

| CAROLYN TEMSI & CARO HANDLEY |

Omnia vincit amor.

| VERGIL |

Engel können fliegen,

weil sie sich selbst **nicht**

so schwer nehmen.

| AUS SCHOTTLAND |

Was glänzt, ist für den

Augenblick geboren; das Echte bleibt

der Nachwelt unverloren.

| JOHANN WOLFGANG VON GOETHE |

Bleibst du geduldig im Augenblick

des Zorns, kannst du dir

hundert Tage Kummer ersparen.

| LAOZE |

Wer sagt, hier
herrscht Freiheit,
der lügt, denn
Freiheit herrscht
nicht.

| ERICH FRIED |

Nicht da ist man daheim,

wo man seinen Wohnsitz hat, sondern

wo man verstanden wird.

| CHRISTIAN MORGENSTERN |

Lass nicht zu,

dass du jemandem begegnest,

der nicht nach der

Begegnung mit dir

glücklicher ist.

| MUTTER TERESA |

Wenn du eine Blume liebst,

die auf einem Stern wohnt,

so ist es schön, bei Nacht den

Himmel zu betrachten.

Alle Sterne sind voll Blumen.

ANTOINE DE SAINT-EXUPÉRY

Ein ungeklärtes

Geheimnis schenkt uns

oft mehr Schönheit

und Freiheit, als seine Lösung

uns geben kann.

| JEAN GIRAUDOUX |

In den Bruchstellen
unseres Misslingens glänzt
neuer Anfang auf.

| Rainer Maria Rilke |

*

Ich bin zu schwach,
um mich beugen
zu können.

| CHARLES DE GAULLE |

Es lacht

über eine Sache nur der,

der von ihr gelöst ist.

CESARE PAVESE

Viele Menschen ruinieren
ihre Gesundheit in der ersten Hälfte
des Lebens, um zu Geld,
Besitztum und Erfolg zu kommen,
und geben dieses Geld in
der zweiten Hälfte des Lebens aus,
um wieder gesund zu werden.

| SENECA |

Hör auf, negative Botschaften

zu senden. Dann werden solche auch

nicht länger zu dir zurückkehren.

| CAROLYN TEMSI & CARO HANDLEY |

Ideale sind wie Sterne –

wir erreichen sie niemals,

aber wie die Seeleute richten wir

unseren Kurs danach.

| CARL SCHURZ |

Die Engel

sterben niemals.

Ihr wisst's.

ANATOLE FRANCE

ES IST DAS HERZ,

DAS GIBT, DIE HÄNDE

GEBEN NUR HER.

| AUS AFRIKA |

Je mehr wir planen,
desto sicherer
trifft uns der Zufall.

| AUS CHINA |

You can't stop the waves,

but you can learn

to surf.

| UNBEKANNT |

Wahre Worte

sind oft nicht schön. Schöne Worte

sind oft nicht wahr.

| UNBEKANNT |

Wer Ballast abwirft, gewinnt Leichtigkeit.

| Martin Kessel |

WER SEIN HERZ DEM

EHRGEIZ ÖFFNET,

VERSCHLIESST ES

DER RUHE.

| AUS CHINA |

There's no way to *happiness*.

Happiness is the way.

| BUDDHISTISCHE WEISHEIT |

Es gibt
Augenblicke,
in denen man nicht
sehen muss,
sondern ein Auge
zudrücken.

| BENJAMIN FRANKLIN |

Was bilden wir uns ein!

Was wünschen wir zu haben?

Jetzt sind wir hoch

und groß. Und morgen schon

vergraben.

ANDREAS GRYPHIUS

Mit einigem

Geschick kann man sich aus

den Steinen, die einem

in den Weg gelegt werden,

eine Treppe bauen.

| ROBERT LEMBKE |

Erfolg ist so

ziemlich das Letzte, was einem

vergeben wird.

| UNBEKANNT |

Gewissensbisse erziehen zum Beißen.

| FRIEDRICH NIETZSCHE |

Was du weggibst,

ist deines. Was du behältst,

geht dir verloren.

| aus China |

Nur wer das *Licht*

auslöscht, gewahrt im Fensterviereck

die Tiefe der Sternennacht.

| AUS JAPAN |

MAN LEBT NICHT,

WENN MAN NICHT

FÜR ETWAS LEBT.

| ROBERT WALSER |

Die Spur, die ein Traum

hinterlässt, ist nicht weniger wirklich

als die Spur eines Fußes

oder die Furche, die ein Pflug durch

die Erde zieht.

| GEORGE DUBY |

Phantasie
ist wichtiger als
Wissen.

| ALBERT EINSTEIN |

Ein Geschäft, das nichts

als Geld verdient,

ist ein schlechtes Geschäft.

HENRY FORD

Ideologen sind Leute, die

glauben, dass die *Menschheit*

besser ist als der Mensch.

| ITALO SVEVO |

Wer sich mit dem Zeitgeist

vermählt, muss damit rechnen,

bald Witwer zu werden.

| AUGUST EVERDING |

Wovon man nicht
sprechen kann,
darüber muss man
schweigen.

LUDWIG WITTGENSTEIN

Komm doch in den Garten,

ich möchte gerne, dass meine

Rosen dich sehen.

| RICHARD BRINSLEY SHERIDAN |

Es ist unmöglich, Staub wegzublasen, ohne dass eine Menge Leute anfangen zu husten.

| PRINZ PHILIP, HERZOG VON EDINBURGH |

In der

Mitte des Winters

entdeckte ich, dass in

mir ein unbesiegbarer

Sommer war.

| Albert Camus |

Fasst die Flügel des Vogels

in Gold, und er wird sich nie wieder

in die Lüfte schwingen.

| RABINDRANATH TAGORE |

Frage dich in jeder Lage

deines Lebens:

Wie könntest du hier am edelsten,

am schönsten, am

vortrefflichsten handeln?

| HEINRICH VON KLEIST |

Wer die
Wahrheit sucht,
sucht Gott,
ob es ihm klar ist
oder nicht.

| EDITH STEIN |

Nur wer

sich verschwendet,

wird reich.

| Sarah Bernhardt |

Das Gras wächst nicht schneller, wenn man daran zieht.

AUS CHINA

Entspanne dich.

Lass das Steuer los.

Trudle durch

die Welt. Sie ist

so schön.

| Kurt Tucholsky |

Die gefährlichste

aller Weltanschauungen

ist die der Leute,

welche die Welt nie

angeschaut haben.

| ALEXANDER VON HUMBOLDT |

Die Aufgabe

der Umgebung ist nicht,

das Kind zu formen,

sondern ihm zu erlauben,

sich zu offenbaren.

| MARIA MONTESSORI |

UM UNERSETZBAR

ZU SEIN, MUSS MAN IMMER

ANDERS SEIN.

| COCO CHANEL |

Nichts ist so selbstverständlich,

als dass es wirklich wäre.

Darum danke immer dem Leben.

| KLEMENS JOSEF KINZLER |

Die meisten verwechseln

Dabeisein mit Erleben.

MAX FRISCH

Charakter

zeigt sich darin, wie man

sich beim dritten

und vierten Anlauf verhält.

| JAMES MICHENER |

KRAFT MACHT
KEINEN LÄRM – SIE IST
DA UND WIRKT.

| ALBERT SCHWEITZER |

Je nachdem, wie mutig
ein Mensch ist, expandiert
oder schrumpft sein Leben.

| ANAÏS NIN |

Die Liebe ist ein Fest –

es muss nicht nur

vorbereitet, sondern auch

gefeiert werden.

| PLATON |

Ein wahrhaft großer Mensch

wird weder einen Wurm zertreten

noch vor dem Kaiser kriechen.

| BENJAMIN FRANKLIN |

Für verlorene

Gelegenheiten gibt es

kein Fundbüro.

| Margot Werner |

Das Leben
selbst ist eine gute
Therapie.

| KAREN HORNEY |

Beherzige

deine Gedanken und köpfe

nicht deine Gefühle.

| MARTINA FORNHOFF |

AUCH ZARTE FÄDEN

ERGEBEN EIN

TRAGENDES NETZ.

| PETER FEICHTINGER |

Mit einer geballten

Faust kannst du nicht

Hände schütteln.

| INDIRA GANDHI |

Wenn nichts
sicher ist, dann ist
alles möglich.

| MARGARET DRABBLE |

Wir streben mehr danach,

Schmerz zu vermeiden als

Freude zu gewinnen.

| SIGMUND FREUD |

DIE SUMME UNSERES

LEBENS SIND DIE STUNDEN,

WO WIR LIEBEN.

| WILHELM BUSCH |

Wir sind Pilger,

die auf verschiedenen

Wegen einem

gemeinsamen Treffpunkt

zu wandern.

| ANTOINE DE SAINT-EXUPÉRY |

Ich werfe meine
Freude wie Vögel an
den Himmel.

| AUS AFRIKA |

Wahre Jugend

ist eine Eigenschaft, die sich nur mit

den Jahren erwerben lässt.

| UNBEKANNT |

Es gibt im Leben nur

zwei Emotionen, die sich lohnen:

Staunen und Ehrfurcht.

| ALBERT EINSTEIN |

Die Situation ist
mein Coach, und ich
bin ihr Schüler.

| Jens Corssen |

Hat ein Mensch sein

Bestes gegeben, ist es unerheblich,

wie viel das war.

| WOLFGANG LETZ |

Ungeduld ist Angst.

| STEFAN ZWEIG |

Wir kommen alle mit

verschlüsselten *Botschaften*

auf die Welt.

| SÖREN KIERKEGAARD |

Die Trauer ist
nicht die Folge unseres
Schmerzes, sondern
bereits ein Heilmittel
dagegen.

| Leo Lohberger |

Einsamkeit kann auch Ausdruck von Geiz sein.

| PETER HORTON |

Freiheit

ist eine Lebensform, und wenn

wir ihrer beraubt werden,

so ist es leicht möglich, dass wir

sie ganz vergessen.

| JAWAHARLAL NEHRU |

Von dem Menschen

zu träumen,

der du sein möchtest,

heisst den

Menschen vergeuden,

der du bist.

| Unbekannt |

Je älter man wird,

desto *durchsichtiger*

werden die Menschen.

| FRANÇOIS MAURIAC |

WARTE NIE,
BIS DU ZEIT HAST,
DENN DANN
KÖNNTE ES ZU
SPÄT SEIN.

| AUS CHINA |

Wenn ein Herz sich

um ein anderes müht, ist immer

ein Wunder dabei.

| ERNST WIECHERT |

Eure Kinder sind

nicht eure Kinder. Sie sind

die Söhne und Töchter

der Sehnsucht des Lebens

nach sich selbst.

KAHLIL GIBRAN

Wie könnte das Größte

und Schönste von einem bloßen

Zufall abhängig sein!

| ARISTOTELES |

Es gibt auf der ganzen Welt

kein anderes Mittel, ein Ding oder Wesen

schön zu machen, als es zu lieben.

| ROBERT MUSIL |

Große Menschen

erkennt man an drei Dingen:

Großzügigkeit im Entwurf,

Menschlichkeit in der Ausführung

und Mäßigkeit beim Erfolg.

| OTTO VON BISMARCK |

Unwissenheit

ist die Nacht des

Meisters, eine

Nacht ohne Mond

und Sterne.

| Konfuzius |

Wenn wir unsere

Feinde hassen, geben wir ihnen

große Macht über unser Leben.

| DALE CARNEGIE |

Die Ironie ist der Kaktus,

der auf dem Grab unserer

Illusionen wuchert.

ELBERT HUBBARD

DIE LIEBE TRÄGT

DIE SEELE,

WIE DIE FÜSSE DEN

LEIB TRAGEN.

| KATHARINA VON SIENA |

Das Zaudern, das in ruhigen

Zeiten nützlich ist,

bringt uns in unruhigen Zeiten

den Untergang.

| ALPHONSE DE LAMARTINE |

Vertrauen ist
eine Oase im Herzen,
die von der
Karawane des Denkens
nie erreicht wird.

| KHALIL GIBRAN |

Wenn man

zu verstehen

gelernt hat,

fürchtet man

nichts mehr.

| Marie Curie |

Tanz ist ein Telegramm an

die Erde mit der Bitte um Aufhebung

der ***Schwerkraft.***

FRED ASTAIRE

Lasst die Träumer

Sehnsucht haben und die

Realisten Angst.

Vielleicht erhält uns die

Mischung am Leben.

| ELISABETH ORTH |

Wenn Dreiecke einen

Gott hätten, würden sie ihn mit

drei Seiten ausstatten.

| CHARLES DE MONTESQUIEU |

Verbunden sein,

ohne gebunden zu sein –

das ist die

Kunst des Lebens.

| Karin E. Leiter |

Ein Pünktchen im

Vorüberschweben, das ist der Stern,

auf dem wir leben.

| MASCHA KALÉKO |

Indem man über andere

schlecht redet, macht man

sich selber nicht besser.

KONFUZIUS

♥

ES MUSS VON HERZEN

KOMMEN, WAS AUF

HERZEN WIRKEN SOLL.

| JOHANN WOLFGANG VON GOETHE |

Große Gedanken

brauchen nicht nur Flügel,

sondern auch ein

Fahrgestell zum Landen.

| NEIL ARMSTRONG |

Eine Seele ohne
Sehnsucht ist wie eine
Mühle ohne Bach.

| CHINA |

Das Leben ist

ein Schlaf, und die Liebe ist

ein Traum darin.

| CLAUDE LELOUCH |

Die Dummheit drängt sich vor,

um gesehen zu werden.

Die Klugheit steht zurück, um zu sehen.

| CARMEN SILVA |

Ja, ein göttliches Wesen
ist das Kind, solange es nicht in die
Chamäleonsfarbe der Menschen
getaucht ist. Es ist ganz, was es ist,
und darum ist es so schön.

| FRIEDRICH HÖLDERLIN |

Wer die Wahrheit sucht,

darf nicht erschreckt sein,

wenn er sie findet.

| ASIEN |

Die beste Unterhaltung

ist die, in der es keinen Wettbewerb

und keine Eitelkeit gibt,

sondern einen ruhigen Austausch

von Gefühlen.

| SAMUEL JOHNSON |

Wenn es nur einmal so ganz stille wäre.
Wenn das Zufällige und Ungefähre
verstumme und das nachbarliche Lachen,
wenn das Geräusch, das meine Sinne machen,
mich nicht so sehr verhindre am Wachen –
– dann könnte ich bis an deinen Rand
dich denken und dich besitzen (nur ein
Lächeln lang), um dich an alles Leben
zu verschenken – wie einen Dank.

| RAINER MARIA RILKE |

Singe, als höre dich niemand.

Tanze, als sähe dich keiner.

Liebe, als wärest du nie

verletzt worden. Lebe, als sei der

Himmel auf Erden.

| UNBEKANNT |

Follow me closely

and you can fly.

| unbekannt |

NACHWORT

Vor kurzem schenkte mir mein Vater das Poesiealbum meiner verstorbenen Mutter. Was für ein Familienjuwel! Vater, Mutter, Onkel, Tanten, Mitschülerinnen haben diesem Mädchen, das meine Mutter werden sollte, Sinnsprüche auf den Weg gegeben. Und dieses Mädchen hatte schon ein paar Körnchen Lebenserfahrung: Sie war neun, als ihr dieses blaue Büchlein mit den goldenen Lettern »POESIE« vorne drauf gewidmet worden war.

Da haben sich also Menschen hingesetzt, den Füller aufgeschraubt oder die Feder in Tinte getunkt, im Jahr 1930, um dann nach reiflicher Überlegung ein oder zwei Sätze fein säuberlich in Sütterlin als Leuchtzeichen ihres Lebens auf die jungfräulich weißen Seiten zu setzen. Was waren die Botschaften? Welches ihr tieferer Sinn? Was kann ich heute, so viele Jahrzehnte später, aus dieser Auswahl von Sprüchen erfahren über dieses mir so ferne Mädchen?

Der erste Eintrag vom wichtigsten Mann in ihrem Leben: vom Vater.

Willst Du sicher durchs Leben schreiten,
halte die Augen offen!
Rechne tapfer mit Wirklichkeiten,
statt auf Wunder zu hoffen!
24.12.1930. Dein Papa

Hm. War meine Mutter eine Träumerin? Eine, die sich aus der Realität, die sich damals so furchtbar verdüsterte, in Scheinwelten flüchtete? Der nächste Eintrag lautet:

Befiehl dem Herrn Deine Wege
und hoffe auf ihn:

Er wird's wohl machen.
Weihnacht 1930. Deine liebe Tante Lotte

Ah ja. Dies ist also in gewisser Weise der andere Pol, der weibliche: ein frommer Spruch. Der Vater rät nüchtern, nicht auf Wunder zu hoffen, die Tante meint, sie solle ihr Schicksal besser nicht selber steuern – das mache besser Gott. Der »liebe Onkel Lothar« schrieb:

Ihr glücklichen Augen
Was je ihr gesehen
Es sei wie es wolle
Es war doch so schön!
17.1.1931

Mutig, mutig. Egal, wie es kommen werde, wenn glückliche Augen darauf schauen, dann sehen sie Schönes. Alles wird gut, oder was?

Ziemlich bunt gemixt, was die Großen, die Erwachsenen meiner Mutter als Wegweiser fürs Leben aufschrieben. Da interessiert mich, was »zur frdl. Erinnerung Deine Freundin Martha Grünefeldt«, eine Gleichaltrige, im Blau-Buch verewigte:

Denke mit Ehrfurcht an Gott
An die Menschen mit Liebe
und mit Ernst an die Pflicht.
Berlin, 29.1.1931

Jetzt wird mir vieles klar. Auch, weshalb ich damals, mit dreizehn, als ich anfing, Sinnsprüche an meine Zimmertür zu hängen, auf den Handrücken oder ins Tagebuch zu schreiben, erst gar nicht auf die Idee gekommen war, in mein Poesiealbum zu schauen. Denn natürlich hatte auch ich eins. Diese Sprüche hatten nämlich so gar nichts mit mir zu tun. Die waren mir so fremd. Zeigefingersprüche in einer Sprache, die nicht die meine war. Bestimmt war es meiner Mutter ähnlich gegangen. Im Poesiealbum dokumentierte sich die gängige Moral. Völliger Blödsinn, anhand der ausgewählten Sprüche eine Art Spiegel des Menschen zu suchen, dem sie galten. Gespiegelt werden höchstens die zeitgemäßen Do's und Don't's. Genau: Moralinsauer ist mein Empfinden beim Blättern. Diese Sprüche drücken nieder, da hebt nichts empor – obwohl in jedem von ihnen ein Körnchen Wahrheit steckt. Doch diese Wahrheit ist keine, die zum persönlichen Wachstum verführt. Sie ist das Zuckerstück für das Entree der Peitsche: »Du musst, du sollst. Sag nie: Ich will.«

Doch das war es ja gerade, wonach ich suchte, als mir diese andere Sorte Sinnsprüche wichtig wurde: Ich wollte raus aus dem System des allgegenwärtigen »Du musst«. Ich wollte Selbstentwickler werden. Ich wollte zum »Ich will« ohne schlechtes Gewissen. Aus der Sicht eines Psychologen klingt das so: »Wer die alltägliche Beschwerde ›Ich muss‹ durch ›Ich will‹ ersetzt, wird merken, dass es stimmt und er sich immer für das geringere Übel entscheidet« (Jens Corssen). Poesiealbum war »Ich muss«. Meine Sprüchesammlung war »Ich will«.

Was den Motor dahinter noch nicht erklärt. Wieso dieser Drang vom »Ich muss« hin zum »Ich will« zum Sprüchesammeln führt. Ganz einfach, schlicht und nahe liegend: Mit dreizehn erwachte in mir die bewusste Suche nach dem Glück. Die naturgemäß mit ordentlichen Schüben von Sehnsucht gekoppelt ist. Gute Sinnsprüche sind beides. Sie sprechen die Sprache der Sehnsucht und transportieren ein Quäntchen Glück. Eine kleine blinkende Hausnummer auf dem Weg zum Selbstentwickler. Der keinem Müssen dient. Nur dem Wollen. Jeder ist seines Glückes Schmied.

Worin sich die beiden Sorten Lebensweisheiten unterscheiden? Was die »Müssen«- von den »Wollen«-Sprüchen trennt? Vielleicht die Lust am Wandern: »Viele Worte sind lange zu Fuß gegangen, ehe sie geflügelte Worte wurden« (Marie zu Ebner-Eschenbach). Vielleicht liegt es nur am Leser, Hörer, Rezipienten: ob das verwendete Bild, die Sprache, der Duktus Schlüssel zur seiner Seelenbefindlichkeit sind.

»There is no way to happiness. Happiness is the way.« Dieser Buddha-Satz hat sich für mich als Universalschlüssel bewährt. Übersetzt bedeutet er, sagen wir: Alles ist gut. Ogottogott, denken Sie jetzt. Nun zerrt die Ruge auch noch Buddha heran, um ihr Drei-Wort-Mantra zu adeln. Jawohl. Viele der Sprüche, die mich begleiten, sind Lesemantras. Konzentriert man sich auf sie und lässt sie zugleich einfach nur trudeln auf dem inneren Spielplatz der Assoziationen, dann spiegeln sie Haltung. Haltung zum Leben. Gute Mantras helfen sogar beim Haltung-Finden. Und beim Haltung-Halten. »Man muss sich einfach entscheiden, das Leben als eine Ganztagsschule ohne Ferien anzusehen, und lernen, sich am eigenen Schopf aus dem vermeintlichen Sumpf zu ziehen« (Jens Corssen). There is no way to happiness. Happiness is the way. Alles wird gut.

Guten Tag, Frau Ruge. Angesichts des großen Elends, das auf unserer Erde herrscht (nicht nur wegen des drohenden Irak-Krieges), ist es geradezu absonderlich, wenn Sie mit Ihrem »Alles wird gut« die Moderation Ihrer Sendung »Leute heute« beenden. Entweder ist es Arroganz, die Sie veranlasst, diese drei Worte in einem süffisanten Unterton auszusprechen, oder es ist einfach eine einfallslose Floskel. Deutschland hat fast fünf Millionen arbeitslose Menschen – und da kommen Sie und flöten »Alles wird gut«. Geschmacklos! (Ein Leute-heute-Zuschauer Anfang März 2003).

Nein. »Alles wird gut« ist weder aus Arroganz geboren noch eine leere Floskel. »Alles wird gut« entspringt einer aktiven Einstellung zum Glück. Die sich damit natürlich nur als kleine, feine persönliche Botschaft versteht – und niemals politisch.

In einem anderen Zuschauerbrief steht zu lesen:

Bei einem Besuch am Arbeitsplatz meiner Frau im Betriebsratsbüro konnte ich ihren Bildschirmschoner sehen: »Alles wird gut!« Bald darauf bekam meine Frau Brustkrebs und ca. zwei Jahre später Leber-Metastasen. Aus der anliegenden Kopie der Todesanzeige können Sie sehen, dass Ihr Abschlusswort auch in Extremsituationen verwendet wird. Ich dachte, Sie hätten den Anspruch, auch solche Geschichten zu lesen.

Auch das möchte ich verneinen, ich habe keinen Anspruch darauf. »Alles wird gut«: Dieser Spruch gehört mir nicht – und schon gar nicht das damit verbundene Gefühl der Geborgenheit. Nein, so ein Gefühl kann nur von einer anderen Ebene kommen, von einer höheren Ordnung. Derjenige, der offen ist dafür, lässt sich davon berühren. Vielleicht geht ihm auch Bonhoeffers »Von guten Mächten wunderbar geborgen« unter die Haut. Andere lesen aus diesen Worten nichts als Platituden. Jedem das seine.

Also: Schauen Sie, welche Fassetten sich für SIE in diesen Sinnsprüchen spiegeln. Auf jeden Fall die Chance, aktiv an seinem Glück zu schnitzen. Doch Achtung:

Wird's besser? Wird's schlimmer?
Fragt man alljährlich.
Seien wir ehrlich:
Leben ist immer lebensgefährlich.
(Erich Kästner)

Genau, und deshalb fehlt jetzt noch was: für das etwas andere Poesiealbum, das vom »Müssen« zum »Wollen« führt und manchmal auch zum Glück. Zu finden im Buch der Bücher. Da steht sowieso alles drin, seit über 2000 Jahren: »Fürchtet Euch nicht.«

Alles wird gut in der Liebe

Wo Liebe neu geboren wird,

wird das Leben neu

geboren.

| VINCENT VAN GOGH |

Nur wer den Menschen liebt,

wird ihn verstehen, wer ihn verachtet,

nicht einmal – *sehen.*

| CHRISTIAN MORGENSTERN |

Die Liebe ist
die göttlichste Form
des Unendlichen.

| MAURICE MAETERLINCK |

Wollen wir uns nicht

alle erdenkbare Liebe erweisen,

solange wir noch leben?

Wir wissen ja nicht, wie lange uns

das noch vergönnt sein wird.

| THEODOR STORM |

Wer liebt und geliebt wird,

hat die Sonne von beiden Seiten.

| PHIL BOSMANS |

Glück ist Liebe,

nichts anderes. Wer lieben kann,

ist glücklich.

| HERMANN HESSE |

Die Liebe ist ein Wunder,

das immer wieder möglich,

das Böse eine Tatsache,

die immer vorhanden ist.

| Friedrich Dürrenmatt |

ES IST NICHT ÜBLICH,

DAS ZU LIEBEN,

WAS MAN BESITZT.

| ANATOLE FRANCE |

Es ist ein Missgeschick, wenn man
nicht geliebt wird. Aber es ist
ein Unglück, wenn man nicht liebt.

| ALBERT CAMUS |

Ich möchte gern

auf den Mond. Dort soll es

einen Mann geben.

| JEANNE MOREAU |

Das Leben ist selber die Seligkeit …

Denn das Leben ist Liebe,

und die ganze Form und Kraft

des Lebens besteht in der Liebe

und entsteht aus der Liebe.

| JOHANN GOTTLIEB FICHTE |

Wo Liebe herrscht,
dort grünt
der Besenstiel.

PETER TILLE

Dass man Liebe mit Geld nicht

kaufen kann, glaubt man erst dann,

wenn man genug Geld hat.

| JACK NICHOLSON |

Mir ist auf der Straße

ein sehr armer junger Mann begegnet,

der verliebt war. Sein Hut war alt,

sein Mantel abgetragen, Wasser rann

durch seine Schuhe. Aber Sterne

zogen durch seine Seele.

| VICTOR HUGO |

Liebe ist gemeinsame

Freude an der wechselseitigen

Unvollkommenheit.

| HANS KUDSZUS |

Die Liebe ist stärker

als der Tod und

die Schrecken des Todes.

Allein die Liebe erhält

und bewegt unser Leben.

| Iwan Turgenjew |

Die Liebe ist ein Stoff,

den die Natur gewebt und die

Phantasie bestickt hat.

VOLTAIRE

Das Herz muss

Hände haben,

die Hände ein Herz.

| AUS TIBET |

Liebe ist eine große Ehrfurcht.

AURELIUS AUGUSTINUS

Die Vernunft kann nur reden.

Es ist die Liebe, die singt.

| JOSEPH DE MAISTRE |

Statt von Liebe

zur Wahrheit zu sprechen,

spräche man besser von

einem Geist der Wahrheit

in der Liebe.

| SIMONE WEIL |

Man muss es zugeben, die Liebe

ist eine große Lehrmeisterin:

Sie bildet uns zu einem Wesen,

das wir nie waren.

| MOLIÈRE |

*In der **Jugend** ist die*

Liebe stürmischer, aber nicht so stark,

so allmächtig wie später.

| HEINRICH HEINE |

Wirkliche Liebe ist ein

Ausdruck der inneren Produktivität

und umfasst Fürsorge,

Respekt, Verantwortlichkeit

und Wissen.

| ERICH FROMM |

Schön

ist eigentlich alles, was man

mit Liebe betrachtet.

| CHRISTIAN MORGENSTERN |

❄

Verehrung ist tiefgekühlte Liebe.

| FRANÇOISE SAGAN |

Man liebt zweimal:
Das erste Mal
in der Wirklichkeit,
das zweite Mal
in der Erinnerung.

| HONORÉ DE BALZAC |

Gott ist nahe,

wo die Menschen einander

Liebe zeigen.

| JOHANN HEINRICH PESTALOZZI |

Der, den ich liebe,

hat mir gesagt, dass er mich braucht.

Darum gebe ich auf mich acht,

sehe auf meinen Weg und fürchte

von jedem Regentropfen,

dass er mich erschlagen könnte.

| BERTOLT BRECHT |

WO LIEBE RECHNET,

IST SIE BETTELARM.

| WILLIAM SHAKESPEARE |

Wer nicht geliebt wird,

ist überall und mitten unter

allen *einsam*.

| GEORGE SAND |

In der Erotik

liegt ein Sichlosreißen von

seinem eigenen Ich.

| SIMONE DE BEAUVOIR |

Angst ist der größte Feind der Liebe.

Man fühlt sich dann, als klammere sich

ein Ertrinkender an einen.

Man möchte ihn retten, weiß aber, dass er

in seiner panischen Angst

den Retter mit ins Verderben reißt.

| ANAÏS NIN |

Schwer ist es,

die rechte Mitte

zu treffen:

Das Herz zu härten

für das Leben,

es weich zu halten

für das Lieben.

| Jeremias Gotthelf |

Die Liebe ist wie der Mond:

Wenn sie nicht zunimmt,

nimmt sie ab.

VICOMTE DE SÉGUR

Welch ein Glück,

geliebt zu werden,

Und lieben, Götter,

welch ein Glück!

| JOHANN WOLFGANG VON GOETHE |

Ich habe entdeckt,

dass die Liebe das höchste

Gut ist. Sie steht

im Mittelpunkt des Alls.

| MARTIN LUTHER KING |

Liebe verschenkt,

Egoismus leiht.

| FRIEDRICH VON SCHILLER |

Ich seh dein liebes Angesicht,

ich seh die Schatten

der Zukunft nicht.

| THEODOR STORM |

Die Liebe ist

ein sehr wirksames

Schönheitsmittel.

| LOUISA MAY ALCOTT |

Das Ende einer Liebe

erhöht die Sehschärfe.

| ARTHUR SCHNITZLER |

Du und ich: Wir sind eins.

Ich kann dir nicht **wehtun***,*

ohne mich zu verletzen.

| MAHATMA GHANDI |

Der wahrhaft Liebende

liebt Gott in allem

und findet Gott in allem.

| Meister Eckhart |

Viel Kälte

ist unter den Menschen,

weil wir es nicht wagen,

uns so herzlich zu geben,

wie wir sind.

| ALBERT SCHWEITZER |

Liebe ist, wenn

sie dir die Krümel aus

dem Bett macht.

KURT TUCHOLSKY

Das Leben
war ihnen ein Rätsel,
dessen Auflösung
sie nur miteinander
fanden.

| JOHANN WOLFGANG VON GOETHE |

Wer in der Liebe nur

Glück erwartet, hat keine

Ahnung von der Liebe.

| PEARL S. BUCK |

Was du aus Liebe machst,

kann dich nicht

entwürdigen.

| BERTOLT BRECHT |

Die Liebe hemmet nichts;

sie kennt nicht Tür noch Riegel

Und dringt durch alles sich;

Sie ist ohn' Anbeginn,

schlug ewig ihre Flügel,

Und schlägt sie ewiglich.

MATTHIAS CLAUDIUS

Frauen lieben die

einfachen Dinge des Lebens,

beispielsweise Männer.

| FARAH FAWCETT |

Solange du dem andern

sein Anderssein

nicht verzeihen kannst,

bist du noch weit ab

vom Wege zur Weisheit.

| CHINESISCHE WEISHEIT |

Man neigt dazu,
Menschen gegenüber,
die man einmal
sehr geliebt hat,
unfair zu sein.

| GRAHAM GREENE |

Es ist das Geheimnis einer guten Ehe,

einer Serienaufführung immer

wieder Premierenstimmung zu geben.

| MAX OPHÜLS |

Mit Mühen und Beschwerden

wird man allein fertig.

Aber die Freude muss man

mit jemandem teilen.

| HENRIK IBSEN |

In jeder Art von Liebe

sollte immer auch

ein wenig Trennung und

Absonderung sein.

| Rabindranath Tagore |

Die Liebe allein

ist eine Tugend und schafft

alle anderen Tugenden.

| MARTIN LUTHER |

Immer ist die wichtigste Stunde

die gegenwärtige;

immer ist der wichtigste Mensch,

der dir gerade gegenübersteht;

immer ist die wichtigste Tat die Liebe.

| MEISTER ECKHART |

EINEN MENSCHEN LIEBEN

HEISST EINWILLIGEN,

MIT IHM ALT ZU WERDEN.

| ALBERT CAMUS |

In der Liebe gibt es einen Moment,

wo sie sich **selbst** genügt,

wo sie glücklich ist zu existieren.

| HONORÉ DE BALZAC |

Liebe ist die höchste Seelenkraft,

auch die stärkste Gestaltungskraft,

in unserer Welt.

| CARL ZUCKMAYER |

Die große Tragik des Lebens

liegt nicht darin,

dass die Menschen sterben,

sondern darin,

dass sie aufhören zu lieben.

| WILLIAM SOMERSET MAUGHAM |

Denn wo das Strenge mit dem Zarten,
wo Starkes sich und Mildes paarten,
da gibt es einen guten Klang.
Drum prüfe, wer sich ewig bindet,
ob sich das Herz zum Herzen findet!
Der Wahn ist kurz, die Reu ist lang.

| FRIEDRICH VON SCHILLER |

Liebe tilgt jeden Eigennutz.

VOLTAIRE

Lege mich wie ein Siegel

auf dein Herz.

Denn Liebe ist stark

wie der Tod.

| Hohes Lied 8,6 |

Das ist das Größte,

was dem Menschen gegeben ist,

dass es in seiner Macht steht,

grenzenlos zu lieben.

THEODOR STORM

Wenn dir's in Kopf und Herzen schwirrt,

was willst du Bessres haben!

Wer nicht mehr liebt und nicht mehr irrt,

der lasse sich begraben.

| JOHANN WOLFGANG VON GOETHE |

Küsse sind das,

was von der Sprache des Paradieses

übrig geblieben ist.

| JOSEPH CONRAD |

Wahrhaft geliebt wirst du,

wo du schwach dich zeigen darfst,

ohne Stärke zu provozieren.

| THEODOR ADORNO |

Wenn auf Erden die Liebe

herrschte, wären alle

Gesetze zu entbehren.

ARISTOTELES

Liebe erblickt selbst an den

kahlsten Bäumen schon des kommenden

Frühlings Blütenträume.

| JAPANISCHES SPRICHWORT |

Nichts

ist als ich und du;

Und wenn wir zwei nicht sein,

so ist Gott nicht mehr Gott

und fällt der Himmel ein.

| ANGELUS SILESIUS |

Wenn man vor lauter Liebe

blind ist, sieht man vielleicht am

schärfsten.

| GLENN CLOSE |

Echtes Glück erwächst

aus spirituellen Eigenschaften

wie Liebe und Mitgefühl,

Geduld, Toleranz, Versöhnlichkeit,

Demut und ähnlichen.

Diese bewirken, dass wir und

andere glücklich werden.

| DALAI LAMA |

Wer sich mit Liebe wappnet,

überwindet Zorn, Elend, Übermacht

und Missgeschick.

| MICHELANGELO BUONARROTI |

Wir werden von dem

geformt und gebildet,

was wir lieben.

| JOHANN WOLFGANG VON GOETHE |

Alter schützt vor Liebe nicht,

aber Liebe schützt

manchmal vor Alter.

| JEANNE MOREAU |

Liebe besteht nicht darin,

in den anderen hineinzustarren,

sondern darin,

gemeinsam nach vorn

zu blicken.

| ANTOINE DE SAINT-EXUPÉRY |

Wenn die Flüsse aufwärts fließen

Und die Hasen Jäger schießen

Und die Mäuse Katzen fressen,

dann erst will ich dich vergessen.

| VOLKSMUND |

Suche die Leidenschaft!

AGNES DE MILLE

Meine Mutter: Ich liebte sie

auf meine Weise, aber sie wollte

auf die ihre geliebt sein.

| BERTOLT BRECHT |

EIN LEERES HERZ

IST VIEL ÄRMER ALS

EINE LEERE HAND.

| CURT GOETZ |

Mit einer Kindheit
voll Liebe kann man ein
halbes Leben
hindurch die kalte Welt
aushalten.

| Jean Paul |

Ohne Liebe zu sich selbst

ist auch die Nächstenliebe

unmöglich.

| HERMANN HESSE |

Die Liebe ist wie die Zahl Pi –

natürlich, irrational

und sehr, sehr wichtig.

| UNBEKANNT |

Elend und Größe dieser Welt:

Sie bietet keine Wahrheit,

sondern Liebesmöglichkeiten.

| ALBERT CAMUS |

Durch Liebeserfahrung

bleibt man verletzlich und damit

lebendig.

| SUNNYI MELLES |

Wenn ein Herz sich um

ein anderes müht, ist immer

ein Wunder dabei.

ERNST WIECHERT

Es gibt auf der ganzen Welt

kein anderes Mittel,

ein Ding oder Wesen schön

zu machen, als es zu

lieben.

ROBERT MUSIL

Alle Liebe hat

einen großen Weg vor sich.

Der Hass steht

immer vor einer Wand.

| LUDWIG REEG |

Die beste Arznei

für den Menschen ist

der Mensch.

Der höchste Grad von

Arznei ist die Liebe.

PARACELSUS

Alle Dinge werden

zu einer Quelle der Lust,

wenn man sie liebt.

| Thomas von Aquin |

Die wichtigste Reise

unseres Lebens könnte diejenige sein,

bei der wir jemand anderem

auf halbem Wege entgegenkommen.

| WOLFGANG BINDE |

Man kann ohne Liebe

Holz hacken, Ziegel formen,

Eisen schmieden.

Aber man kann nicht ohne Liebe

mit Menschen umgehen.

| LEO N. TOLSTOI |

Wer den Gipfel

der Weisheit erreichen will,

muss zum Gipfel der Liebe gelangen;

denn niemand ist vollkommen

im Wissen, der nicht vollkommen

ist in der Liebe.

| HRABANUS MAURUS |

Die Menschen,

die man von Herzen liebt,

altern nicht.

ERNST PENZOLDT

Wer neidet, ist blind.
Wer hasst, ist taub.
Wer zürnt, der lahmt.
Nur wer liebt,
hat kein Gebrechen.

| GRIECHISCHES SPRICHWORT |

Freu dich nicht so sehr,

dass du geliebt wirst,

als dass du lieben kannst.

| JOHANN KASPAR LAVATER |

Jedes Werden in der Natur,

im Menschen, in der Liebe

muss abwarten, geduldig sein,

bis seine Zeit zum Blühen kommt.

DIETRICH BONHOEFFER

Liebe

ist die kürzeste Verbindung

und der längste Weg.

| THOMAS ROMANUS BÖKELMANN |

Es gibt nur eine Liebe,

aber tausend

Nachahmungen.

FRANÇOIS DE LA ROCHEFOUCAULD

Was ist Liebe?

Eine Hütte mit keinem Palast
tauschen wollen,
Untugenden und Fehler
lächelnd übersehen,
Hingabe ohne geringstes
Zögern.

| CHINESISCHE WEISHEIT |

Die Welt gehört denen, die sich lieben.

| JULIETTE GRÉCO |

Hier ist das Wunder, das allen immer
widerfährt, die wirklich lieben;
je mehr sie geben, desto mehr besitzen sie
von der kostbaren erhaltenden Liebe,
die Blumen und Kindern Stärke verleiht
und die allen Menschen helfen könnte,
wenn sie sie ohne Zweifel hinnähmen.

| RAINER MARIA RILKE |

Es ist was Schönes,

sein eigenes Bild

im liebenden Auge

zu erblicken.

| JOHANN WOLFGANG VON GOETHE |

Im Traum und

in der Liebe ist nichts

unmöglich.

| UNGARISCHES SPRICHWORT |

Liebe ist ein Glas,

das zerbricht,

wenn man es zu unsicher

oder zu fest anfasst.

RUSSISCHES SPRICHWORT

Wir träumen davon,

einen Menschen zu finden,

der ganz eins mit uns ist.

Weder erfüllt sich der Traum

noch wird er vergebens geträumt;

doch wer ihn nicht träumt,

hat von der Liebe nie etwas erfahren.

| FRIEDRICH GEORG JÜNGER |

Größer als alle Pyramiden,
als der Himalaya, als alle Wälder
und Meere ist das menschliche Herz.
Es ist herrlicher als die Sonne
und der Mond und alle Sterne,
strahlender und blühender.
Es ist unheimlich in seiner Liebe.

| HEINRICH HEINE |

Liebe:

auch so ein Problem,

das Marx nicht gelöst hat.

| JEAN ANOUILH |

Die Liebe ist der Endzweck

der Weltgeschichte und

das Amen des Universums.

| NOVALIS |

Ich kenne aber
die Liebe und weiß:
Sie besteht darin,
dass keine Frage mehr
gestellt wird.

| ANTOINE DE SAINT-EXUPÉRY |

Der zynische Volksmund

behauptet, Liebe sei blind.

In Wirklichkeit sind aber vielleicht

diejenigen blind, die da

nicht lieben und die daher

nicht erkennen, wie schön und

wie liebenswert die Welt ist.

| ALDOUS HUXLEY |

Wer im Land der Liebe wohnt,

verreist nicht gerne.

| HANS KRUPPA |

Wenn jeder Mensch

alle Menschen liebte, besäße jeder

Einzelne die Welt.

| FRIEDRICH VON SCHILLER |

Die Liebe allein

versteht das Geheimnis,

andere zu beschenken

und dabei selbst reich

zu werden.

| CLEMENS BRENTANO |

Unser Leben blühte reicher,

säten wir mehr Liebe aus.

DEUTSCHES SPRICHWORT

Die meisten Menschen

leben für die Liebe und die

Bewunderung,

doch wir sollten durch Liebe

und Bewunderung leben.

| OSCAR WILDE |

NACHWORT

Sprüche, Sentenzen, Gedankensplitter, Gedichtzeilen über das größte und wichtigste Gefühl unserer Existenz, über die Liebe: In den Monaten des Sammelns und Auswählens hatte mein Leben – so bildete ich mir das jedenfalls ein – eine etwas erhöhte Grundtemperatur. So viele Bilder, Assoziationen zu einem Gefühl, das sich jeder Definition so seidenweich entzieht ... Das färbt ab. Und tut unendlich gut. Ich hoffe nun sehr, dass es dieses »Abfärben« auch für Sie, die Leser dieses Bandes, geben wird. Und deshalb möchte ich mein Nachwort mit dem Text beginnen, der die Menschen seit Jahrhunderten mit seiner Wucht und Wahrheit zu Tränen rührt:

»Wenn ich in den Sprachen der Menschen und Engel redete, hätte aber die Liebe nicht, wäre ich dröhnendes Erz oder eine lärmende Pauke. Und wenn ich prophetisch reden könnte und alle Geheimnisse wüsste und alle Erkenntnis hätte, wenn ich alle Glaubenskraft besäße und Berge damit versetzen könnte, hätte aber die Liebe nicht, nützte es mir nichts.

Die Liebe ist langmütig, die Liebe ist gütig. Sie ereifert sich nicht, sie prahlt nicht, sie bläht sich nicht auf. Sie handelt nicht ungehörig, sucht nicht ihren Vorteil, lässt sich nicht zum Zorn reizen, trägt das Böse nicht nach. Sie freut sich nicht über das Unrecht, sondern freut sich an der Wahrheit. Sie erträgt alles, glaubt alles, hofft alles, hält allem stand. Die Liebe hört niemals auf.

Prophetisches Reden hat ein Ende, Zungenrede verstummt, Erkenntnis vergeht. Denn Stückwerk ist unser Erkennen, Stückwerk ist unser prophetisches Reden; wenn aber das Vollendete kommt, vergeht alles Stückwerk.

Für jetzt bleiben Glaube, Hoffnung, Liebe, diese drei; doch am größten unter ihnen ist die Liebe.«

(1. Brief an die Korinther 13, 1-13)

Die Wucht dieses Textes lässt erst mal nichts anderes zu. Keine Worte, keine Gedanken, keine Gefühle. Mit dem Korintherbrief ist alles gesagt. Für heute, morgen, immer, ewiglich. Eigentlich.

Bei der kirchlichen Trauung eines befreundeten Paares sprach ein Verwandter der Braut diese Zeilen, und ich war bis unter die Haarwurzeln elektrisiert. Dieser magische Text, in einer traumschönen Basilika gesprochen, alle Herzen standen weit offen, ein kollektives Trampolin für den Lobgesang der Liebe ... Ein Glücksgefühl als Bollwerk gegen jede Angst pulsierte uns allen bis unter die Fingerspitzen – und ich war mir in diesem Augenblick so sicher: Ich würde die Klarheit dieser Botschaft nie wieder aus dem Gefühl verlieren, die befreiende Kraft dieses »*... hätte aber die Liebe nicht ...*« würde meinen ständig dürstenden Liebesakku von nun an dauerhaft und ganz locker nebenbei immer wieder vollladen ...

Die Kunst liegt im Auge des Betrachters – und die Liebe drei Stockwerke tiefer. Wer die Sprache der Liebe nicht perfekt spricht, lässt solch einen grandiosen Text irgendwann erbärmlich vertrocknen, so wohlwollend er oder sie ihn auch aufsaugen möge. Genau deshalb ist mit diesen alles umfassenden Bibelworten der Liebe eben nicht alles gesagt. Worte wirken nur dann, wenn sie leben. Nirgendwo wird das kompromissloser deutlich als dort, wo Buchstaben das Vehikel des größten Gefühls auf Erden sind ...

... dessen Länge und Breite wir wunderbar schwer zu fassen vermögen. Und das war das Faszinierende für mich, dieses Buch zu veröffentlichen: Die Dimensionen der Liebe zu spiegeln in Sinnsprüchen aus vielen Epochen der Menschheitsgeschichte. Heute, im 20. und 21. Jahrhundert, ist die erste Assoziation zum Thema Liebe die zwischen Mann und Frau. Halb Hollywood lebt von dieser Fixierung und mindestens 50 Prozent der werbetreibenden Industrie.

»Die Liebe ist wie eine ansteckende Krankheit. Keiner weiß, wann es ihn erwischen kann!« Also ein hocherotisches Virus? So zumindest beschreibt es der französische Literaturnobelpreisträger Anatole France. Von diesem Virus möchte jeder befallen werden, welche Pusteln und Fieberschübe es einem auch bescheren mag. Doc Hollywood und Krankenschwester Werbeindustrie wissen jedenfalls am allerbesten, wie das Liebesfieber am angenehmsten glüht.

Es soll aber Menschen geben – wie den amerikanischen Schriftsteller Henry Miller –, bei denen jede Therapie versagt. Sein Abgesang auf die verklärten Ideale der Liebe geht so: *»Die Liebe ist nichts anderes als ein Boogie-Woogie der Hormone.«* Natürlich habe ich Mr. Miller umgehend aus diesem Buch verbannt. Weder den Spruch noch die dazugehörige Vibration möchte ich wirken lassen. Ich sage es ganz offen: Mir geht es um die magischen Dimensionen der Liebe – die beteiligten Körpersäfte mögen andere definieren.

Und was diese Magie der Liebe betrifft, da denke und fühle ich seltsam unerotisch – oder besser: Als erotisch empfinde ich dieses Gefühl durchaus, jedoch nicht begrenzt auf eine Liebesbeziehung im klassischen Sinne. Weil es dieses wunderschöne Spiel zwischen den beiden Polen freundlich lächelnd überspringt und sich dabei zu einem Botschafter des Unisex-Begehrens geschlechtsumwandelt: *»Liebe ist der Entschluss, das Ganze im Menschen zu bejahen, die Einzelheiten mögen sein, wie sie wollen.«* Lieber Otto Flake, das ist ein ganz schön dickes Ei, das Sie uns da in unser so wohliges Liebesnest gelegt haben! Wissen Sie denn wirklich, was das – so ganz praktisch – bedeutet, was Sie uns da so lapidar in wenigen Worten mit auf den Weg gegeben haben? Das bedeutet richtig harte Arbeit, knüppelharte Arbeit sogar! Das heißt, sich die Mühe zu geben, über kleine Schwächen meines Nächsten einfach so hinwegzugucken. Das bedeutet, persönlich so stark zu sein, dass ich mich durch kleine Fluchten, Kriegserklärungen, Pirouetten verängstigter, verletzter oder schlicht unreifer Seelen nicht persönlich attackiert fühle, sondern die Größe entwickele, hinter die Kriegsmasken zu schauen: Freundlich, warm – ohne Wertung. Mit Liebe.

Trainieren wir das? Gehört das zu den wichtigen Dingen, die wir uns alle – als Überlebenswerkzeug – in Pflichtseminaren aneignen wollen und sollen? Antwort überflüssig. Das Wichtigste, was uns am Leben und unsere Mitmenschen glücklich erhält, das ist heute eine Aufgabe für Autodidakten. Welche Institutionen – jenseits der kirchlichen – wagen es heutzutage, sich auf ihre Fahnen zu schreiben: *»Ich bin die Liebe und das Leben! Kommt zu mir, um zu erkennen: Du bist die Liebe, und du bist das Leben!«*???

»Die meisten Menschen wollen lieber Zuneigung geschenkt bekommen als sie schenken.« Meister Aristoteles, waren Sie Hellseher, oder ist nach diesem Wellenmuster die Welt gestrickt? Wer, um Gottes willen, erzählt den Menschen, dass unerwiderte Liebe verlorene Liebe ist – als ob Liebe ganz nüchtern mit einem falsch investierten Vermögen zu vergleichen wäre, das verloren geht?

»Liebe ist nie verloren. Wird sie nicht erwidert, so fließt sie zurück und tröstet und reinigt das Herz.« Vielleicht war es die Kraft dieser Wahrheit, die Washington Irving zum Pseudonym greifen ließ: Diedrich Knickerbocker darf das gerne und genauso unwidersprochen sagen. *»Liebe ist die Leiter, worauf wir zur Gottähnlichkeit steigen. Ohne Anspruch, uns selbst unbewusst, ziehen wir dahin.«* Ja. Das ist eines der letzten Tabus unserer Tage. Friedrich von Schiller war sich dessen genauso unbewusst wie wir heute. »Gottähnlichkeit« – das ist eine Vokabel, die heutzutage niemandem mehr leicht über die Lippen gehen mag. Und die jeder dennoch in sich widerhallen spürt. Doch, was wäre, wenn ... da was dran wäre? Wenn Gott in jedem von uns wäre,

wenn – ein völlig unmoderner Gedanke – jeder von uns Gesandter der Botschaft von Frieden, Liebe, des Mutes zum Ausgleich wäre? Von ganz oben, doch ohne Bezahlung, ohne Vertrag, einfach qua schnöder Existenz?

»Je weniger ich an unsere Zeit glauben kann, je mehr ich das Menschentum verkommen und verdorren zu sehen meine, desto weniger stelle ich diesem Verfall die Revolution entgegen, und um so mehr glaube ich an die Macht und die Magie der Liebe.« Hermann Hesse. Man könnte ja das Leben als einen heiteren Schreittanz begreifen. Man könnte das Leben als einen verschlungenen Pfad begreifen mit letztlich nur einem einzigen Sinn und Ziel: Den heiligen Pfad der Liebe zu finden. Ihre Macht und ihre Magie. Auch und gerade dann, wenn wir ein Leben lang hungrig waren. *»Jeder Mensch gibt so viel Liebe weiter, wie er als Kind empfangen hat.«* Pearl S. Buck. Und wenn es nur ein klein wenig mehr ist, was wir zu geben wagen – wir werden viel, viel mehr zurückerhalten.

Ich mag gar nicht mehr sagen über das, was ich als so evident empfinde: Wir alle sehnen uns nach Liebe und könnten sie doch so viel besser und reicher selbst geben – jedem, der sie braucht und jedem, der gar nicht weiß, dass sie die wichtigste Währungseinheit ist, die wir alle besitzen, ohne sie zu erwerben: Liebe ist das Einzige, das wächst, wenn wir es verschwenden.

Und Liebe ist das Einzige, was Trost spenden kann in dem Moment, den wir so krampfhaft wie hilflos zu verdrängen suchen. Ernest Hemingway können wir nun wirklich nicht unterstellen, die Wahrheiten unserer Existenz rosarot verkitscht zu haben: Er formulierte wie kein anderer, wohin wir gehen und was uns diesen Weg erträglicher macht und annehmbar: *»Niemand, den man liebt, ist jemals tot.«*

Alles wird gut
im Job

Wenn ich einen Satz auswählen sollte,

um meine ganze Lehre

zusammenzufassen, würde ich sagen:

Lass nichts *Böses*

in deinen Gedanken sein.

| KONFUZIUS |

Erfolg haben heißt

einmal mehr **aufstehen**,

als man hingefallen ist.

| WINSTON CHURCHILL |

Alles soll so einfach wie möglich sein, aber nicht einfacher.

ALBERT EINSTEIN

Es liegt wohl
in unserer Natur, dass wir uns vom
Wohlstand verderben lassen.
Das hat zur Folge, dass es uns immer
schwerer fällt, mit Problemen
fertig zu werden, die uns allen von
Zeit zu Zeit begegnen.

| DALAI LAMA |

Mancher ist mit Wenigem zufrieden – vorausgesetzt, die ***anderen*** *haben noch etwas weniger als er.*

ALEC GUINESS

Du willst bei Fachgenossen gelten?

Das ist verlorne Liebesmüh.

Was dir missglückt, verzeihn sie selten,

was dir gelingt, verzeihn sie nie!

| BLUMENTHAL |

Was braucht ein Volk
für Gönner?
Wahrheit-sagen-Könner.

| CHRISTIAN MORGENSTERN |

Wer mit 16 kein Kommunist ist,

hat kein Herz – wer mit 40 immer noch

Kommunist ist, hat kein Hirn.

| N. N. |

Wir Deutsche leiden

alle an der Hypochondrie der

»Verpflichtungen«.

Sie macht unsere Stärke und

unsere Schwäche.

| CHRISTIAN MORGENSTERN |

Verwirren Sie mich nicht durch Tatsachen, meine Vorurteile stehen fest.

| HARTMUT HÖFER |

Team

wird häufig so interpretiert:

Toll ein anderer machts!

| NICOLAS LOERKENS |

Alle Gedanken und Gefühle,

die du **aussendest,**

kommen zu dir zurück.

PETER H. KRÖTENHEERDT

Die Natur hat uns nur einen Mund,

aber zwei Ohren gegeben,

was darauf hindeutet, dass wir

weniger sprechen

und mehr zuhören sollten.

| ZENON |

Mut ist oft Mangel an Einsicht,

während Feigheit nicht selten auf guten

Informationen beruht.

| PETER USTINOV |

Angenehm
sind die erledigten
Arbeiten.

| CICERO |

Und ob alles in ewigem

Wechsel kreist, es beharret im

Wechsel ein ruhiger Geist.

| FRIEDRICH VON SCHILLER |

GOTT IST

DER GOTT DER

MUTIGEN.

| PAOLO COELHO |

Erst wenn der letzte Baum gefällt,

der letzte Fluss vergiftet,

das letzte Tier getötet ist,

erst dann werdet ihr merken,

dass man Geld nicht essen kann.

| INDIANISCHE WEISHEIT |

Wenn man einen Sumpf

trocken legen will, darf man nicht

*die **Frösche** fragen.*

| N. N. |

Wenn wir unser Handeln

auf die unmittelbare Befriedigung

unserer Bedürfnisse ausrichten,

ohne die Interessen anderer

zu berücksichtigen, berauben wir

uns der Möglichkeit,

dauerhaftes Glück zu erfahren.

| DALAI LAMA |

Sich immer am Leben korrigieren.

| CHRISTIAN MORGENSTERN |

Missverständnisse,

die man nicht ausräumt,

wuchern wie Unkraut.

| GERLINDE NYNCKE |

Der Analyst denkt, die Börse lenkt.

ANDRÉ KOSTOLANY

Vielleicht gibt es schönere Zeiten – aber diese ist unsere.

| JEAN-PAUL SARTRE |

Alle wirklich Erfolgreichen haben
eines gemeinsam: Irgendwann in ihrem
Leben haben sie sich einmal
hingesetzt und über die Verwendung
ihres Zeitkapitals nachgedacht.

| LOTHAR J. SEIWERT |

Es ist besser,

ein Problem zu erörtern,

ohne es zu entscheiden,

als es zu entscheiden,

ohne es erörtert zu haben.

| JOSEPH JOUBERT |

WER WENIG HAT, IST ARM –

WER WENIG BRAUCHT,

IST REICH.

| HÉLDER PESSOA CÂMARA |

Man muss aus der

Stille kommen, um etwas

Gedeihliches zu schaffen.

| KURT TUCHOLSKY |

Wer höher steigt,
als er sollte, fällt tiefer,
als er wollte.

VOLKSWEISHEIT

Das sicherste Mittel, um

getäuscht zu werden, ist, sich für

schlauer zu halten als die anderen.

| LA ROCHEFOUCAULD |

Ich kann Ihnen nur raten:
Hängen auch Sie Ihr
ganzes Herz an Ihre Arbeit.

LEONARD BERNSTEIN

Der Idealismus wächst mit der Entfernung zum Problem.

JOHN GALSWORTHY

Ein vernünftiger Mensch wird

einer Hoffnung, die ins Wasser fiel,

nie nachspringen.

| SPRICHWORT AUS DEUTSCHLAND |

Zu wissen, wann Großzügigkeit

und wann Unnachgiebigkeit

angebracht ist – das ist Weisheit.

| ELBER HUBBARD |

Vom runden Tisch
ist der Weg nicht weit
zur langen Bank.

| HANS-OLAF HENKEL |

Wahlkampf gleicht dem Versuch,

einen Touristen statt im Hotel

im Reiseprospekt unterzubringen.

| KARL GARBE |

AUCH VOM FEIND

KOMMT HÄUFIG UNS

EIN GUTER RAT.

| ARISTOPHANES |

Die Dummheit drängt sich vor,

um gesehen zu werden. Die Klugheit

steht zurück, um zu sehen.

| CARMEN SILVA |

Es ist schon **alles**

gesagt worden,

nur noch nicht von jedem.

| KARL VALENTIN |

Wir sollten uns sagen,

dass wir nur ein Blatt am Baum

der Menschheit sind.

Ohne die anderen, ohne den Baum

könnten wir nicht leben.

| PABLO CASALS |

Ein *Vorurteil* ist ziemlich

sicher daran zu erkennen, dass man sich

bei seiner Begründung ereifert.

| VICTOR DE KOWA |

Der Weg des Paradoxen ist der Weg zur Wahrheit.

| Oscar Wilde |

Wie komme ich am besten

den Berg hinan? Steig nur hinaus

und denk nicht dran!

| FRIEDRICH NIETZSCHE |

Der Politiker denkt an die

nächsten Wahlen, der Staatsmann

an die nächste Generation.

| WILLIAM EWART GLADSTONE |

Ungeduld ist Angst.

STEFAN ZWEIG

Die Furcht,

ein klares Nein zu geben, erweckt den

Kompromiss zum Leben.

| ERICH LIMPACH |

Habe täglich den Tod vor Augen!

Das wird dich vor kleinlichen Gedanken und

vor maßlosen Begierden bewahren.

| EPIKTET |

Es ist nicht zu glauben,

wie schlau und erfinderisch

die Menschen sind,

um Entscheidungen aus dem

Weg zu gehen.

| SØREN KIERKEGAARD |

Verantwortung

ist eine Primzahl,

die sich nicht teilen lässt.

| JOSEF MAGNUS WEHNER |

Eine *Lüge*

ist bereits dreimal um

die Erde gelaufen,

bevor sich die Wahrheit die

Schuhe anzieht.

| MARK TWAIN |

Wenn deine Arbeit

für sich spricht, dann rede

nicht dazwischen.

| AUTORIN UNBEKANNT |

Seien wir realistisch:
Versuchen wir
das Unmögliche.

| CHE GUEVARA |

Nichtstun ist halber Tod.

Das Leben äußert sich nur in

der *Tätigkeit*.

| FRIEDRICH DER GROSSE |

Operative Hektik ist

ein Zeichen

geistiger Windstille.

| FRANZ SCHWEIFER |

Wo es den Rednern

an Tiefe fehlt, da gehen sie

in die Breite.

| CHARLES DE MONTESQUIEU |

Wer zart besaitet ist,
kann nie die
erste Geige spielen.

| GERHARD UHLENBRUCK |

Nur tote Fische

schwimmen mit

dem Strom.

| HENRY FORD |

Er mag ein

Schuft sein, aber er ist

unser Schuft.

| THEODORE ROOSEVELT |

Wir

wollen ewige Sicherheit.

Wir wünschen uns Jahrhunderte der

Sicherheit, um in Sicherheit

bis ans Ende der Welt zu gehen und

zum letzten Gericht.

Wenn wir wollen, dass alles bleibt,

wie es ist, dann ist es nötig,

dass sich alles verändert.

| JEAN GIRAUDOUX |

DIE GEFAHR
KOMMT VON DENEN,
DIE NACH EUREM
GESCHMACK SEIN
WOLLEN.

| DEMOSTHENES |

Der Erfolg besteht manchmal

in der Kunst, das für sich zu behalten,

was man nicht weiß.

| PETER USTINOV |

Ich meine, mit

dem Klagen muss es auch

ein Ende haben.

| LARS GUSTAFSSON |

Die geistige Unterwerfung
beginnt mit der Übernahme der
Fragestellung.

| ERNST JÜNGER |

Nostalgie ist die Sehnsucht

nach einer Zeit*, von der man*

absolut keine Ahnung hat.

| LORE LORENTZ |

Der Wert der Ideale steigt.

Wenigstens behaupten

das diejenigen,

die ihre Ideale erfolgreich

verkauft haben.

GABRIEL LAUB

Kein vernünftiger Mensch wird

gegen Mitbestimmung sein, aber wie steht

es mit der Mitverantwortung?

| OLIVER HASSENCAMP |

Der kürzeste Weg,

um vieles zu erledigen, ist immer nur

eine Sache zu machen.

| SAMUEL SMILES |

Wenn dumme Menschen einen

Fehler vermeiden wollen, dann begehen

sie den entgegengesetzten.

| HORAZ |

Das *Zaudern*, das in ruhigen

Zeiten nützlich ist, bringt uns

in unruhigen Zeiten den Untergang.

| ALPHONSE DE LAMARTINE |

Wenn nicht

Meinung gegen Meinung

offen gesagt wird,

lässt sich die bessere nicht

herausfinden.

HERODOT

Selbstironie ist die Kunst,

sich so durch den Kakao zu ziehen,

dass er noch schmeckt.

| JOACHIM TEEGE |

Für mich gibt es nur ein Mittel,

um die Achtung vor mir selbst nicht

einzubüßen: fortwährende Kritik.

| CHRISTIAN MORGENSTERN |

Der Natur ist so viel abzulernen:

die Ruhe, die Unermüdlichkeit,

die stete Produktion,

die Dauer im Wechsel, die Grandiosität,

die fortbildende Entwicklung.

| ERNST VON FEUCHTERSLEBEN |

Manche Menschen drücken nur

deshalb ein Auge zu,

damit sie besser zielen können.

BILLY WILDER

Ein Dementi ist der verzweifelte Versuch, die Zahnpasta wieder in die Tube hineinzubekommen.

| LORE LORENTZ |

Über Nacht berühmt

wird man nur, wenn man

tagsüber gearbeitet hat.

HOWARD CARPENDALE

Eine Bank ist ein Ort,

an dem man Geld

geliehen bekommt, wenn man

nachweisen kann, dass

man es **nicht** braucht.

| BOB HOPE |

Alles geht vorüber –
sagt mancher –
aber er hat dabei
nicht an die
Dummheit gedacht.

| SIEGFRIED LOWITZ |

Die Einkommenssteuer hat
mehr Menschen zu Lügnern gemacht
als der *Teufel*.

WILLIAM ROGERS

Wer a sagt, der muss nicht

b sagen. Er kann auch erkennen,

dass a falsch war.

| BERTOLT BRECHT |

Wer in seinen Mitteln nicht

wählerisch ist, sollte es wenigstens

in seinen Zielen sein.

| GERD GAISER |

Frauen geben Fehler leichter zu

als Männer, darum sieht es so aus,

als machten sie mehr.

GINA LOLLOBRIGIDA

Vergib deinen Feinden,

aber vergiss **niemals**

ihre Namen.

| JOHN FITZGERALD KENNEDY |

Die schärfsten Kritiker
der Elche waren
früher selber welche.

ROBERT GERNHARDT

Nimm die Erfahrung

und die Urteilskraft der Menschen

über 50 heraus aus der Welt,

und es wird nicht genug übrig bleiben,

um ihren Bestand zu sichern.

| HENRY FORD |

Nur wer

sich sicher fühlt,

ist tolerant.

| KARL CARSTENS |

Vertrauen ist so scheu
wie das Reh.
Wenn man es einmal verjagt hat,
dauert es lange,
bis es wiederkommt.

| KURT BIEDENKOPF |

Statt zu klagen, dass wir

nicht alles haben, was wir wollen,

sollten wir lieber dankbar sein,

dass wir nicht alles bekommen, was

wir verdienen.

| DIETER HILDEBRANDT |

Und wenn du dir nur

selbst vertraust, vertrauen dir

die andern Leute.

| JOHANN WOLFGANG VON GOETHE |

Der Neid ist

meist eine Nummer größer

als der Fleiß.

| PETER WECK |

Hollywood

ist ein Ort, wo sie dir

50 000 Dollar für

einen Kuss und 50 Cent für

deine Seele zahlen.

MARILYN MONROE

Je genauer du planst,

desto härter trifft dich der

Zufall.

PETER RÜHMKORF

In der Politik ist es manchmal

wie bei der Grammatik.

Ein Fehler, den alle begehen,

wird schließlich

als Regel anerkannt.

| ANDRÉ MALRAUX |

Die beste Art, seine

Träume wahr zu machen,

ist aufzuwachen.

| DIANE KEATON |

Ein politisches System,

das dem Untergang geweiht ist,

tut instinktiv vieles,

was diesen Untergang

beschleunigt.

| JEAN-PAUL SARTRE |

Ein Realist ist ein Mann,

der den richtigen Abstand zu

seinen Idealen hat.

TRUMAN CAPOTE

Das Bedürfnis,

Recht zu haben, ist das Kennzeichen

eines gewöhnlichen Geistes.

| ALBERT CAMUS |

Stress ist der Bazillus,

der von Unsicheren

in leitender Stellung

auf die Mitarbeiter

übertragen wird.

| OLIVER HASSENCAMP |

Ich sage euch:
tanzt, tanzt! Vor allem
aus der Reihe!

| UNBEKANNT |

Ein Scherz,

ein lachend Wort entscheidet

oft die größten Sachen

treffender und besser als Ernst

und Schärfe.

| HORAZ |

Das Fluchen ist an sich

nicht schicklich – doch manchmal

hilft es augenblicklich.

| EUGEN ROTH |

Aus nichts lässt sich

der Charakter eines Menschen

so sicher erkennen

wie aus einem Scherz, den er

***übel** nimmt.*

| GEORG CHRISTOPH LICHTENBERG |

Man braucht zwei Jahre,

um sprechen zu lernen, und 50 Jahre,

um schweigen zu lernen.

| ERNEST HEMINGWAY |

Ein guter Mensch

bleibt immer

ein Anfänger.

| MARTIAL |

Stets sind es

die kleinen Eitelkeiten,

die uns verraten.

| CHRISTOPHER FRY |

Ideen sind wie Kinder:
Die eigenen
liebt man am meisten.

| LOTHAR SCHMIDT |

Unser Kopf ist rund,

damit das Denken die Richtung

wechseln kann.

| FRANCIS PICABIA |

DIE WAHRHEIT
IST DEN MENSCHEN
ZUMUTBAR.

| INGEBORG BACHMANN |

Die meisten Menschen

bekommen eine Meinung,

wie man einen

Schnupfen bekommt: durch

Ansteckung.

AXEL VON AMBESSER

Nicht nötig, auf

den **Spiegel** zu schelten,

wenn die Fratze schief ist.

| MARTIN WALSER |

Die Selbstzufriedenheit
ist der Sargdeckel
jeden Fortschritts.

| PHILIPP ROSENTHAL |

Ein großer Teil der

Sorgen besteht aus

unbegründeter Furcht.

| JEAN-PAUL SARTRE |

Das Leben ist nie etwas,

es ist nur

Gelegenheit zu etwas.

| Friedrich Hebbel |

Anpassung

ist der Kerkermeister der Freiheit und

der Feind des Wachstums.

| JOHN F. KENNEDY |

Im Leben hat man meistens

zwischen dem guten Ruf

und dem Vergnügen zu wählen.

Und man erkennt, dass der gute Ruf

kein Vergnügen ist.

| MICHAEL GROSS |

Vergiss nicht – man benötigt

nur wenig, um ein

glückliches Leben zu führen.

| MARC AUREL |

DIE TAT IST ALLES,

NICHTS DER

RUHM.

| JOHANN WOLFGANG VON GOETHE |

NACHWORT

Wenn ich schon behaupte, alles werde gut in Job und Karriere, dann muss ich natürlich Großkaliber auffahren, die den Weg dorthin glaubhaft beschreiben: Literaten, Politiker, Schauspieler (ja, auch die!), Wirtschaftslenker natürlich – und Philosophen. Und weil Letztere bekanntlich am tiefsten schürfen, möchte ich einen Philosophen für meine Zwecke einspannen: Zu erklären, weshalb ich in diesem Buch DIESE Zitate versammelt habe. Diese und nur diese.

»Wenn ich einen Satz auswählen sollte, um meine ganze Lehre zusammenzufassen, würde ich sagen: Lass nichts Böses in deinen Gedanken sein!«

Konfuzius für Stressgeplagte, für Führungskräfte und solche, die es werden wollen? Das kann ja heiter werden. Soll es auch. Denn Querdenken ist bekanntlich erste Managerpflicht. »Lass nichts Böses in deinen Gedanken sein!« – klar provoziert das die Krawatten-Krieger in ihrem täglichen Kampf um Kursgewinne, Karrierestrategien, Chefsessel und Einflusssphären. Böses? Aber natürlich haben sie alle Böses in ihren Gedanken, allein, um feindlichen Attacken Paroli zu bieten.

Und genau deshalb kann sie heiter werden, diese Sprüchesammlung für all jene, die zum Querdenken qua Job verpflichtet sind. Und zwar heiter sowohl im humoristischen Sinne:

»Wer einen Sumpf trocken legen will, darf nicht die Frösche fragen.«

... weil Sie in diesem Band Sprüche finden, die bunt wie

Krawattenfarben sind: Sie machen Spaß und sind mitunter die einzigen Farbtupfer in der Konferenz.

Andere Sentenzen dagegen sind heiter in sehr viel hintergründigerem Sinne: Man könnte sich ja ernsthaft fragen, ob der olle Chinese Konfuzius mit seinem »Nix Böses in deinen Gedanken!« so vollkommen schief gelegen habe. Gerade heute könnte man sich das fragen, da wir doch China und seine Wirtschaftsmacht längst nicht mehr als fernen Tigerbaby-Aufmarsch empfinden, sondern als Großkatzen-Armada, die lustvoll dabei ist, dem »alten Europa« an die Gurgel zu springen.

Dieser Philosoph Konfuzius also, den die chinesische Großkatzen-Nation als Erbe mitführt, irgendwo ganz unten im Tank, der meint nun offenbar allen Ernstes, die wichtigste Erkenntnis seiner gesamten geistigen Laufbahn sei die Forderung, man solle nichts Böses in seinen Gedanken haben.

Sondern? Vielleicht das Folgende, von Christian Morgenstern:

»Was braucht ein Volk für Gönner?
Wahrheit-Sagen-Könner.«

Das passt genau. Nix Böses. Nur Wahres. Das fände Konfuzius bestimmt ziemlich gut. Im Job wäre es wirklich nicht verkehrt, mehr an die Wahrheit zu denken. Man muss die Sache ja nicht gleich bis zum Äußersten treiben, wie Morgenstern das liebte:

»Es gibt für Unzählige nur ein Heilmittel:
Die Katastrophe.«

Auch wenn der eine oder andere in diesem unserem Lande eventuell mehr und mehr dieser Auffassung zuneigen möchte, diesen Ausspruch geradezu als Aufmacher jeder Morgenkonferenz setzen würde: Nein. Das geht nicht. Der ist politically incorrect, würde umgehend als barsche Drohung des Kapitals gewertet. Also Vorsicht, liebe Sprüchesammlung-Nutzer, der Inhalt dieses Buches ist partiell explosiv!

Doch Konfuzius' Lebensweisheit reicht natürlich tiefer, und deshalb noch einmal: »Lass nichts Böses in deinen Gedanken sein!« Böse war Morgensterns Spruch über die Katastrophe nicht. Nur ein bisschen visionär. Da hätte ich zum Ausgleich was Hübsches für Gewerkschafts- und andere Seiten anzubieten, von niemand rekordverdächtigerem als Alec Guiness:

»Mancher ist mit Wenigem zufrieden – vorausgesetzt, die anderen haben noch etwas weniger als er.«

Auch nicht böse. Lässt sich wunderbar so nebenbei zitieren.

Frei nach Albert Einstein könnten wir uns nun um ein noch intensiveres Quer-Zitieren bemühen, und Einstein sagte das so:

»Alles soll so einfach wie möglich sein. Aber nicht einfacher.«

Was Einstein allerdings unter »einfach« verstand, das lässt uns bis heute in Ehrfurcht erstarren. Ähnlich könnte das – und da ist er schon wieder! – mit Konfuzius sein. Wenn nichts »Böses« in unseren Gedanken sein soll, was dann? »Einfaches«? »Wahres« oder sogar »Gutes«?

Wäre doch denkbar, oder? Böses ist zielgerichtet, gegen einen Konkurrenten, gegen einen Mitbewerber, gegen andere Strategien.

»Du willst bei Fachgenossen gelten? Das ist verlorne Liebesmüh. Was dir missglückt, verzeihen sie selten, was dir gelingt, verzeihen sie nie!« (Blumenthal).

Gegen-Haltungen haben doch schon die anderen. Erfolg aber hat – und das ist so platt wie wahr – der Visionär.

FÜR etwas denken. Unabhängig, unkonventionell, angstfrei: »Gutes« denken. Ein bisschen verwegen, hier Frank Lloyd Wright zu zitieren, aber vielleicht mögen Sie den Gedanken genauso wie ich:

»Die Dinge erfüllen sich, an die du wirklich glaubst. Der Glaube macht sie geschehen.«

Eine erfreuliche Unternehmensbilanz bringt natürlich niemand mit purem Glauben zustande. Doch mit einer positiven Vision. Und selten mit bösem Blick auf das Treiben der Konkurrenz. Alles wird gut mit Konfuzius, oder?

Nun musste also dieser ehrwürdige chinesische Weise herhalten, um meine schlichte Botschaft zu Ihnen, werte Leserinnen und Leser, zu transportieren: Wundern Sie sich deshalb bitte nicht, dass Sie in dieser Sammlung den einen oder anderen Ausspruch mit Hang zu philosophischem Tiefgang gefunden haben. Ich würde mich freuen, wenn Sie aus diesem Sentenzen-Steinbruch zum Beispiel das hier, von Seiner Heiligkeit, dem 14. Dalai Lama, für sich herausgeschlagen haben und aufbewahren würden:

»Es liegt wohl in unserer Natur, dass wir uns vom Wohlstand verderben lassen. Das hat zur Folge, dass es uns immer schwerer fällt, mit Problemen fertig zu werden, die uns allen von Zeit zu Zeit begegnen.«

Verdirbt uns der Wohlstand? Macht er Angsthasen aus uns, die einem fatalen Lieblingshobby frönen, nämlich aus Mücken Elefanten zu züchten? Vielleicht lohnt es sich, darüber auch mal im Büro laut nachzudenken.

Und damit ein für allemal nur Gutes in unserem Denken sei, hier noch eine Anregung für die Leibesertüchtigung zum Schluss, von Winston Churchill – lässt sich sehr gut nachmachen, vor allem als Zitat:

»Erfolg haben heißt, einmal mehr aufzustehen als man hingefallen ist.«

Der biblische Prediger Salomo sagt das aber auch ziemlich schön – oder etwa schöner?

»Der ist nicht stark,
der in der Not nicht fest ist.«

»Der Ratgeber für die moderne Romantikerin.« BUNTE

Lauren Henderson
EIN DATE MIT MR. DARCY
Mit Jane Austen
den Mann fürs Leben finden
336 Seiten
Gebunden mit Schutzumschlag
ISBN 978-3-431-03688-6

Sind Sie frustriert von Beziehungsratgebern, die zu kompliziertem Taktieren anregen und sinnlose Regeln aufstellen, wie frau sich zu geben hat, um IHN zu bezaubern? Dann gehen Sie lieber bei der Meisterin der Romanze in die Schule. Ob »Stolz und Vorurteil«, »Emma« oder »Verstand und Gefühl« – die Romane von Jane Austen zeigen uns auch heute noch, wie Frauen den Mann ihres Herzens finden können.
Charmant und humorvoll führt uns dieses Buch durch den modernen Beziehungsdschungel, gespickt mit zahlreichen Beispielen aus Austens Romanen und dem täglichen Leben. Und ganz nebenbei können Sie auch noch die Bücher von Jane Austen (neu) entdecken!

Ehrenwirth

Was ist der Sinn des Lebens? Ihr Sinn …

Michael Mary
LEBE DEINE TRÄUME
Sachbuch
160 Seiten
ISBN 978-3-404-60561-3

Jeder Mensch in unserem Kulturkreis ist permanent damit beschäftigt, etwas zu erreichen. Und das Leben bietet scheinbar eine Fülle von Möglichkeiten. Man kann reich werden, zum Mond fliegen oder den Nobelpreis gewinnen, kein Auto besitzen oder gleich mehrere, in Familien leben oder im Kloster, Präsident werden oder Bauer, auswandern oder in der Stadt wohnen. Doch wen macht was glücklich? Wie kann ein Mensch seinen Lebenssinn finden, und wie kann er ihn verwirklichen? Michael Marys Buch ist aus der Begleitung von Menschen entstanden und bietet praktische Orientierung. Denn jeder kann seinen Lebenssinn finden, indem er seine eigenen Lebensträume entdeckt. Und lebt …

Bastei Lübbe Taschenbuch

Die Erde ist eine Kugel – und meine Mama auch

Claire Singer
BABY MAIL
Für alle Eltern von heute
und morgen ...
Die wunderbare Geschichte,
wie ich meine Eltern fand –
neun Monate voller Abenteuer.
128 Seiten
ISBN 978-3-404-66409-2

Haben Sie sich schon mal gefragt, warum Babys neun Monate brauchen, um auf die Welt zu kommen? Die Antwort ist einfach: Weil es in Mamas Bauch so viel zu erleben gibt! Vom Einzug ins Bauchhaus über Schwangerschaftsgymnastik, fatale Flug- und Schwimmversuche bis hin zu ersten Erfahrungen mit Penne Arrabiata – als Baby im Bauch hat man viel zu tun und zu erleben. Ein heiteres, originelles und aufschlussreiches Buch für alle, die mehr übers Baby wissen wollen, bevor es das Licht der Welt erblickt.

Bastei Lübbe Taschenbuch